Sarah Nadjafi

Die Begriffe „Einbildungskraft" und „Schwärmerei" in Goethes Roman „Die Leiden des jungen Werther"

GRIN Verlag

Bibliografische Information der Deutschen Nationalbibliothek:

Die Deutsche Bibliothek verzeichnet diese Publikation in der Deutschen National-
bibliografie; detaillierte bibliografische Daten sind im Internet über http://dnb.d-
nb.de/ abrufbar.

Impressum:

Copyright © 2009 GRIN Verlag, Open Publishing GmbH
Druck und Bindung: Books on Demand GmbH, Norderstedt Germany
ISBN: 978-3-640-82157-0

Dieses Buch bei GRIN:

http://www.grin.com/de/e-book/166031/die-begriffe-einbildungskraft-und-
schwaermerei-in-goethes-roman-die

GRIN - Your knowledge has value

Der GRIN Verlag publiziert seit 1998 wissenschaftliche Arbeiten von Studenten, Hochschullehrern und anderen Akademikern als eBook und gedrucktes Buch. Die Verlagswebsite www.grin.com ist die ideale Plattform zur Veröffentlichung von Hausarbeiten, Abschlussarbeiten, wissenschaftlichen Aufsätzen, Dissertationen und Fachbüchern.

Besuchen Sie uns im Internet:

http://www.grin.com/

http://www.facebook.com/grincom

http://www.twitter.com/grin_com

Westfälische Wilhelms-Universität
Hauptseminar: Johann Wolfgang von Goethe: „Die Leiden des
jungen Werther" und „Die Wahlverwandtschaften"
Wintersemester 2009/2010

Die Begriffe „Einbildungskraft" und „Schwärmerei" in Goethes Roman „Die Leiden des jungen Werther"

Sarah Nadjafi

Inhaltsverzeichnis

1. Einleitung

Die folgende Arbeit geht von der Hypothese aus, dass Schwärmerei und Einbildungskraft in Goethes Roman „Die Leiden des jungen Werther" als wesentliche anthropologische Merkmale angesehen werden. Um dies zu belegen, wird zuerst ein Einblick in die Epoche des Sturm und Drang gegeben, aus der das Werk stammt. Insbesondere die Vorstellung vom Menschen zu dieser Zeit muss erörtert werden. In diesem Zusammenhang wird das Hauptaugenmerk darauf liegen, die Bedeutung der Begriffe „Schwärmerei" und „Einbildungskraft" zu klären. Im folgenden Teil soll überprüft werden, inwiefern diese Begriffe Werther charakterisieren und ihn in seinem Denken und Fühlen bestimmen. Hierbei bilden die Briefe vom 10.Mai 1771 bis zum 26. Mai 1771 die Textgrundlage. In Anbetracht der Begrenzung dieser Arbeit kann nicht auf weitere Textstellen eingegangen werden.

2. Die Begriffe „Schwärmerei" und „Einbildungskraft" zur Zeit des Sturm und Drang

Die Phase des Sturm und Drang entwickelt sich in den Jahren 1765-1785 und bezeichnet eine junge literarische Bewegung, die sich gegen die Einseitigkeit der Aufklärung stellt. Allerdings lassen sich diese beiden Epochen nicht als Gegensatzpaare definieren, sondern der Sturm und Drang kann eher als Weiterführung der Aufklärung angesehen werden.[1] Es entwickelt sich ein neues Menschbild. Der Fokus wird nicht mehr nur auf den Verstand und die Vernunft gelegt, sondern das Gefühl und die Subjektivität des Individuums rücken in den Vordergrund. Weiterhin werden gesellschaftliche Konventionen und poetische Regeln als einschränkend empfunden und abgelehnt. Die Vertreter des Sturm und Drang sind der Ansicht, dass Regeln und Normen die Kreativität und Originalität des Künstlers hemmen. Der Künstler wird als Genie betrachtet, der seine Gefühle und Erfahrungen verarbeitet, ohne sich an einer Regelpoetik zu

---

[1]Vgl. Kaiser, Gerhard: Aufklärung Empfindsamkeit Sturm und Drang. Tübingen: A. Francke Verlag 2007. S. 177ff.

orientieren.[2] Im Zentrum steht also das Gefühl, das als wichtigster Wesenszug des Menschen angesehen wird. In diesem Zusammenhang spielen die Begriffe „Schwärmerei" und „Einbildungskraft" eine wichtige Rolle.

Nach Kluge bezeichnet „schwärmen" zuerst nur das Schwarmverhalten der Bienen.[3] Von der Reformationszeit an wird der Begriff auf Menschen übertragen und bezieht sich auf „das Auftreten der überhand nehmenden und aufdringlichen Sektierer"[4]. Im 18. Jahrhundert erfährt das Wort erneut eine Bedeutungserweiterung und beinhaltet auch „sich auf wirklichkeitsferne Weise für etwas begeistern"[5]. Später erst wird der Begriff auf Personen übertragen und meint jemanden „schwärmerisch verehren"[6].

Das Verb „einbilden" stammt ursprünglich aus der Mystik des 12. Jahrhunderts und bedeutet hier „etwas (in die Seele, die Seele in Gott) hineinprägen"[7]. Seit dem 17. Jahrhundert hat „einbilden" nicht mehr nur eine religiöse Bedeutung, sondern steht auch für „irrtümlich annehmen, wähnen"[8].

Indem Sulzer in seinem Werk „Allgemeine Theorie der schönen Künste" Einbildungskraft auch als eine Fähigkeit des Künstlers ansieht, weitet er die Bedeutung des Begriffs erneut aus:

„Demnach ist die Einbildungskraft, wie gesagt worden, die Mutter der schönen Künste. Durch sie liegt die Welt, so weit wir sie gesehen und empfunden haben, in uns und mit der Dichtungskraft verbunden wird sie die Schöpferin einer neuen Welt."[9]

Demnach befähigt die Einbildungskraft den Künstler, eine ganz neue Welt zu schaffen; er wird selbst zum Schöpfer.

Allerdings ist Sulzer der Meinung, dass die Einbildungskraft „leichtsinnig ausschweifend und abenteuerlich"[10] sei und auf Grund dessen einer gewissen Ordnung unterliegen müsse. Goethe, als Vertreter des Sturm und Drang,

---

[2] Vgl. Pascal, Roy: Die Sturm und Drang Bewegung. In: Sturm und Drang. Hrsg. von Manfred Wacker. Darmstadt: Wissenschaftliche Buchgesellschaft Darmstadt 1985. S. 56-57.

[3] Kluge, Friedrich: Etymologisches Wörterbuch der deutschen Sprache. Berlin, New York: Walter de Gruyter 1995. 23., erweiterte Auflage. S. 748.

[4] Ebd.

[5] Ebd.

[6] Ebd.

[7] Ebd. S. 210.

[8] Ebd.

[9] Sulzer, Johann Georg: Allgemeine Theorie der schönen Künste. Hildesheim: Georg Olms Verlagsbuchhandlung 1967. 2 Band. S. 10ff.

[10] Ebd.

würde der Einbildungskraft keine Grenzen setzen. Die von Sulzer verlangte Ordnung beschränkt aus Goethes Sicht die Entfaltung der Einbildungskraft lediglich und hemmt somit die Originalität des Künstlers.

3. Schwärmerei und Einbildungskraft in den Briefen vom 10. bis zum 26. Mai 1771

Der Briefroman „Die Leiden des jungen Werther" ist eines der bekanntesten Werke Goethes. Er wurde 1774 erstmals veröffentlicht. Im Roman spielen die Begriffe „Schwärmerei" und „Einbildungskraft" eine zentrale Rolle. Werthers Einbildungskraft ist sehr stark ausgeprägt und zieht sich wie ein roter Faden durch das gesamte Werk. Auch seine Schwärmerei für die Natur, für Lotte, für die Kunst und die Kinder ist ein wesentlicher Aspekt des Romans.

Im folgenden Teil der Arbeit werden die Briefe vom 10. Mai 1771 bis zum 26. Mai 1771 im Hinblick auf die oben genannten Haltungen analysiert. Es handelt sich um die ersten Briefe an Wilhelm, in denen Werther seine Empfindung beschreibt. Er ist glücklich über das Verlassen der Stadt und schildert seine Eindrücke von der ländlichen Natur. Anzumerken ist, dass diese Briefe vor der ersten Begegnung mit Lotte geschrieben werden.

In dem Brief vom 10. Mai 1771 schwärmt Werther für die Natur. Sie erfüllt sein Herz und nimmt ihn voll und ganz ein. Durch die zahlreichen Wiederholungen der Wörter „Seele" [11] und „Herz" [12] betont Werther schon am Anfang die Wichtigkeit der Gefühle. Das Herz bzw. das Gefühlsleben sei der wichtigste Zugang zur Welt; denn durch das Herz erfahre man die Gegenwart Gottes in der Natur. Diese wird als Gottes Werk betrachtet und in ihr spiegelt sich das unendliche Leben wider:

„(...) wenn ich das Wimmeln der kleinen Welt zwischen Halmen, die unzähligen ergründlichen Gestalten der Würmchen, der Mückchen näher an meinem Herzen fühle, fühle ich die Gegenwart des Allmächtigen, der uns nach seinem Bilde schuf, das Wehen des

---

[11] Goethe, Johann Wolfgang: Die Leiden des jungen Werther. Stuttgart: Reclam 2001. S. 7. Z. 6,11.
[12] Ebd. S. 7. Z.9.

Allliebenden, der uns in ewiger Wonne schwebend trägt und erhält;"
13

Das Ziel Werthers, als Pantheist, ist es, Gott durch die Natur zu spüren. Er hegt den Wunsch, ein Teil der Natur zu sein, die Trennung zwischen sich und ihr aufzugeben, um voll und ganz in ihr aufgehen zu können. Seine Einbildungskraft ist zu diesem Zeitpunkt besonders ausgeprägt. Er sagt, er spüre die Gegenwart, die Geborgenheit in Gott. Seine Wahrnehmung der Natur überwältigt ihn so sehr, dass er nicht in der Lage ist, seine Gefühle zum Ausdruck zu bringen:

„ach könntest du das wieder ausdrücken, könntest du dem Papier das einhauchen, was so voll und warm in dir lebt, dass es würde der Spiegel deiner Seele, wie deine Seele ist der Spiegel des unendlichen Gottes!" [14]

Er möchte seine Einbildungen, seine innere Wahrnehmung künstlerisch darstellen. Einbildungskraft wird demnach als Grundlage künstlerischer Tätigkeit angesehen. Doch die Herrlichkeit der Natur ist laut Werther in ihrem Ausmaße nicht durch Worte beschreibbar. Diese Behauptung steht allerdings im Widerspruch zu seinem tatsächlichen Handeln als Künstler; denn er beschreibt die Natur in sprachlich eindrucksvoller Weise. Der Unsagbarkeitstopos unterstreicht Werthers Überwältigtsein.

Die Begeisterung für die Natur zeigt sich auch in seiner Sprache. Besonders auffällig sind die vielen Interjektionen und Apostrophe, die seine Faszination veranschaulichen. Darüber hinaus beeinflusst sein Enthusiasmus auch die Syntax der Briefe. Deutlich wird dies durch die Wertherperiode in den Zeilen 16-31. Werther ist so sehr von der Natur entzückt, dass er nicht aufhören kann, von ihr zu schwärmen, so dass sich die Protasis des Konditionalsatzes über 14 Zeilen erstreckt.

Auch in dem Brief vom 12. Mai 1771 schwärmt Werther von der Natur. Detailliert beschreibt er die Landschaft und bezeichnet sie sogar als „paradiesisch"[15]. Er ist so sehr fasziniert, dass er nicht im Stande ist, zwischen

---

[13] Ebd. S.7. Z. 22-28.
[14] Ebd. S. 7-8. Z. 31-4.
[15] Ebd. S. 8. Z. 10-11.

6

der Realität und seiner Einbildungskraft zu unterscheiden.[16] Seine Phantasie lässt ihn Dinge sehen und erleben, die nicht real sind. So schwärmt er von der Vergangenheit, indem er die Altväter um den Brunnen sitzen und die Geister um sie herum schweben sieht.

Im Brief vom 22. Mai wird ebenfalls die Einbildungskraft Werthers thematisiert. Er kritisiert die Einschränkungen, unter denen der Mensch zu leiden hat. Werther sieht diese Realität, möchte sie aber nicht akzeptieren. Die einzige Möglichkeit, die ihm bleibt, um der Wirklichkeit zu entfliehen, ist der Rückzug in seine Imagination:

„Ich kehre in mich zurück und finde eine Welt. Wieder mehr in Ahnung und dunkler Begier, als in Darstellung und lebendiger Kraft. Und da schwimmt alles vor meinen Sinnen und ich lächle dann so träumend weiter in die Welt."[17]

Die Idylle von Wahlheim ist das Thema des Briefes vom 26. Mai 1771. Werther betrachtet die Natur nicht mit wissenschaftlicher Neugier, sondern sieht sie als ästhetisches Objekt. Ausführlich beschreibt er die Landschaft, benutzt viele Adjektive und Diminutiva, um die Herrlichkeit der Natur zu unterstreichen.[18] Er schildert Walheim als einen wunderschönen Ort und betont besonders die zwei Linden. Die Linde als Symbol der Liebe könnte Werthers Gefühle für jenen Ort ausdrücken. Darüber hinaus schildert er die liebevolle Beziehung zweier Brüder, die er zugleich zeichnerisch festhält. Seine Kunst ist lediglich an der Herrlichkeit der Natur orientiert; denn „sie allein bildet den großen Künstler"[19]. Die Natur an sich ist vollkommen und benötigt keine Regeln. Laut Werther werden diejenigen, die sich an Regeln halten, zwar nichts Schlechtes gestalten, sind sie aber - auf Grund der Eingeschränktheit - nicht mehr in der Lage, ihre Gefühle und ihre Einbildungskraft auszudrücken und somit ihren künstlerischen Fähigkeiten freien Lauf zu lassen.[20] Aber nicht nur die Kunst sei nicht mit den Regeln vereinbar, sondern auch die Liebe benötige vollkommene Freiheit. Der Liebende solle sich, ohne Rücksicht auf Konventionen, ganz seiner Leidenschaft hingeben.

---

[16] Vgl. ebd. S.8. Z. 8-11.
[17] Ebd. S. 12-13. Z. 32-4
[18] Vgl. ebd. S. 14. Z. 15-26.
[19] Ebd. S. 15. Z. 14-15.
[20] Vgl. ebd. S.15. Z. 17-24.

4. Schluss

Thema der Arbeit ist es die Bedeutung der Begriffe der Schwärmerei und der Einbildungskraft in Goethes Werk „Die Leiden des jungen Werther" zu erläutern. Zusammenfassend kann man konstatieren, dass beide Begriffe im „Werther" von zentraler Bedeutung sind, auch wenn dies nur exemplarisch an den Textstellen vom 10. Mai 1771 bis zum 26. Mai 1771 aufgezeigt wird. Werther wird als leidenschaftliche und gefühlsbetonte Person dargestellt. Er schwärmt für die Natur und fühlt durch sie die Nähe zu Gott. Seine Schwärmerei geht so weit, dass er nicht mehr in der Lage ist, zwischen der Realität und seiner Einbildung zu unterscheiden. Seine Einbildungskraft lässt ihn eine eigene innere Welt kreieren, in der er sich an der Herrlichkeit der Natur vergnügen und in die er sich zurückziehen kann, um den Einschränkungen der Realität zu entfliehen. Außerdem befähigt sie ihn zu künstlerischer Gestaltung. Für weitere Arbeiten wäre es aufschlussreich, zu untersuchen wie sich Werthers Schwärmerei und Einbildungskraft unter dem Einfluss der Begegnung mit Lotte entwickeln. In diesem Zusammenhang könnten auch die Folgen dieser Entwicklung für sein Leben thematisiert werden.

Bibliographie

Primärliteratur:

Goethe, Johann Wolfgang: Die Leiden des jungen Werther. Stuttgart: Reclam
2001.

Sekundärliteratur:

Kaiser, Gerhard: Aufklärung Empfindsamkeit Sturm und Drang. Tübingen: A.
Francke Verlag 2007.

Kluge, Friedrich: Etymologisches Wörterbuch der deutschen Sprache. Berlin,
New York: Walter de Gruyter 1995. 23., erweiterte Auflage.

Pascal, Roy: Die Sturm und Drang Bewegung. In: Sturm und Drang. Hrsg. von
Manfred Wacker. Darmstadt: Wissenschaftliche Buchgesellschaft Darmstadt
1985.

Sulzer, Johann Georg: Allgemeine Theorie der schönen Künste. Hildesheim:
Georg Olms Verlagsbuchhandlung 1967. 2 Band.